Zhongguo Wenhua
Zhishi Duben

中国文化知识读本

主编 金开诚

编著 于元

古代金器

吉林出版集团有限责任公司

吉林文史出版社

图书在版编目（CIP）数据

古代金器 / 于元编著 .—长春：吉林出版集团有
限责任公司：吉林文史出版社，2009.12（2022.1 重印）
（中国文化知识读本）
ISBN 978-7-5463-1691-8

Ⅰ.①古… Ⅱ.①于… Ⅲ.①金银器（考古）–简介
–中国 Ⅳ.① K876.43

中国版本图书馆 CIP 数据核字（2009）第 236960 号

古代金器

GUDAI JINQI

主编/ 金开诚 编著/于元

项目负责/崔博华 责任编辑/崔博华 曹恒

责任校对/梁丹丹 装帧设计/曹恒

出版发行/吉林文史出版社 吉林出版集团有限责任公司

地址/长春市人民大街4646号 邮编/130021

电话/0431-86037503 传真/0431-86037589

印刷/三河市金兆印刷装订有限公司

版次/2009 年 12 月第 1 版　2022 年 1 月第 3 次印刷

开本/ 650mm×960mm 1/16

印张/8 字数/ 30千

书号/ ISBN 978-7-5463-1691-8

定价/ 34.80元

关于《中国文化知识读本》

　　文化是一种社会现象，是人类物质文明和精神文明有机融合的产物；同时又是一种历史现象，是社会的历史沉积。当今世界，随着经济全球化进程的加快，人们也越来越重视本民族的文化。我们只有加强对本民族文化的继承和创新，才能更好地弘扬民族精神，增强民族凝聚力。历史经验告诉我们，任何一个民族要想屹立于世界民族之林，必须具有自尊、自信、自强的民族意识。文化是维系一个民族生存和发展的强大动力。一个民族的存在依赖文化，文化的解体就是一个民族的消亡。

　　随着我国综合国力的日益强大，广大民众对重塑民族自尊心和自豪感的愿望日益迫切。作为民族大家庭中的一员，将源远流长、博大精深的中国文化继承并传播给广大群众，特别是青年一代，是我们出版人义不容辞的责任。

　　《中国文化知识读本》是由吉林出版集团有限责任公司和吉林文史出版社组织国内知名专家学者编写的一套旨在传播中华五千年优秀传统文化，提高全民文化修养的大型知识读本。该书在深入挖掘和整理中华优秀传统文化成果的同时，结合社会发展，注入了时代精神。书中优美生动的文字、简明通俗的语言、图文并茂的形式，把中国文化中的物态文化、制度文化、行为文化、精神文化等知识要点全面展示给读者。点点滴滴的文化知识仿佛繁星，组成了灿烂辉煌的中国文化的天穹。

　　希望本书能为弘扬中华五千年优秀传统文化、增强各民族团结、构建社会主义和谐社会尽一份绵薄之力，也坚信我们的中华民族一定能够早日实现伟大复兴！

目录

一
略谈黄金

金佛像

四十五亿年前，地球形成初期，宇宙中众多的含金小天体不停地撞击地球。

小天体撞击地球后，产生了许多陨石。这些陨石在撞击所形成的高温中被熔化后，液态的金因为密度大、比重大，便一直向地心下沉，所以它们冷却后形成的金矿都在地层深处。

一提到金子，人们总说"七青八黄九紫十赤"。这是说青黄色的金子含金量为70％，黄色的含金量为80％，紫黄色的含金量为90％，赤黄色的含金量几乎达到100％。

金之所以很早就被人类发现，是因为在大自然中金矿几乎都是纯金，只有极少数是碲化金。

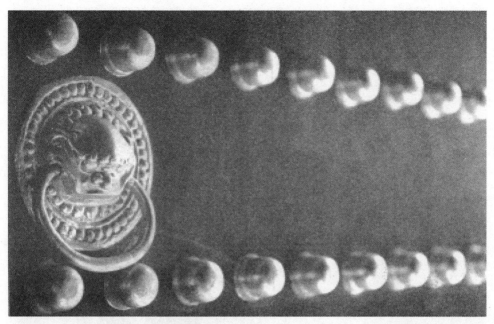

另外，金子金光闪闪，很容易被人类发现。

金的自然状态虽然大都是游离状态的纯金，而且大都含金达 99% 以上，但总含有少量的银，还含有微量的钯、铂、汞、铜、铅等。

金在地壳中的含量大约是一百亿分之五。每一立方公里的海水中，含有五吨金子。在太阳周围灼热的蒸气里也有金，其他天体上同样有金。

金在地壳中的含量虽然不是很少，但却非常分散。至今，人类发现的最大天然金块只有 112 公斤重，而人们找到的最大天然银块却重达 13.5 吨，最大的天然铜块竟高达 420 吨重。

辽代掐丝葫芦金瓶

开采金矿

古代金器

古代金饰

在自然界中，金常以颗粒状态存在于沙砾中，也以微粒状态分散于岩石中。

金的密度极大，1立方米的水重1吨，而同体积的金却重达19.3吨。人们利用金子比重大这一特点，用水冲走含金的沙而留下金，这就是"淘金"。

只要沙中含有千万分之三的金就值得去淘，只要岩石中含有十万分之一的金就是值得开采的金矿了。

金是最富有延展性的金属，一克金可以拉成长达三千五百米的金丝。金也可以锤成比纸还薄很多倍的金箔，厚度只有一厘米的五十万分之一，看上

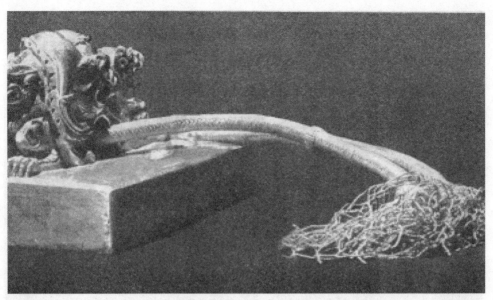

金玺

去几乎是透明的。这时，薄薄的金箔带点绿色或蓝色，而不再是金黄色的了。

金很柔软，容易加工，用指甲都可以在它的表面划出纹来，用牙咬也能留下痕迹。

金的熔点高达 1063℃，火不容易烧熔它。因此，人们常说"真金不怕火炼"。

金的性质非常稳定，任凭水浸也不会锈蚀。几千年前传到现在的古代金器，仍是金光闪闪的。

由于金子具有上述特点，人们都十分喜欢它。因此，黄金成了金属中的佼佼者，被人类制成各种金器和装饰品。

二　金器史

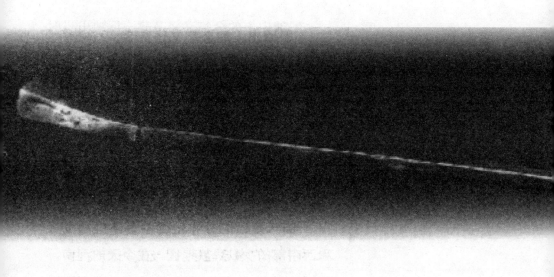

黄金饰品

（一）商代金器

在考古发掘中，发现最早的黄金制品是商代的，距今已有三千多年的历史了。殷墟有金箔出土，河南安阳殷墟发现过眼部贴金的虎形饰件及金片、金叶、金箔等饰件，山西保德林遮峪的商墓中有金丝出土，郑州商代遗址有夔凤纹残金饰件出土，北京平谷商墓有金钏、金笄和金耳环出土，河北藁城台西村商代遗址有漆盒金饰片出土。

商代的黄金制品大多为金箔、金叶和金片，主要用于器物装饰。这表明商代的工匠已经能灵活运用黄金延展性能良好的特性了。

殷墟出土的金箔又轻又薄，反映出当时的锤金工艺已相当高超，也说明商代工匠对金子的延展性有了相当深刻的认识，否则不可能加工到如此薄的程度。从商代这些零星的金器中，已可反映出早期金器的工艺已达到相当高的水平了。

商代金器的分布范围主要是以商文化为中心的中原地区，以及商王朝北部、西北部和西南部的少数民族地区。在今天的河南、河北、山东、内蒙古、甘肃、青海及四川等地，都曾出土了这一时期的金器。这个时期的金

器，器形小巧，工艺比较简单，大多为装饰品。

最有名的商代金器出土地点有两处：

1977 年，北京平谷县刘家河商墓出土了金耳环、金臂钏、金笄及金箔残片等物。这些金器不仅器形完整，而且发饰、耳饰、臂饰齐备，构成一个品类繁多的系列。从工艺上看，金耳环和金臂钏为锤制而成，金笄系用范铸法成型。这几件首饰均呈黄色，虽历时三千多年，至今仍金光熠熠。这也是迄今发现最早的成套金首饰。

另一处是四川广汉三星堆，这里出土的金杖、金面罩，制作都十分精美。

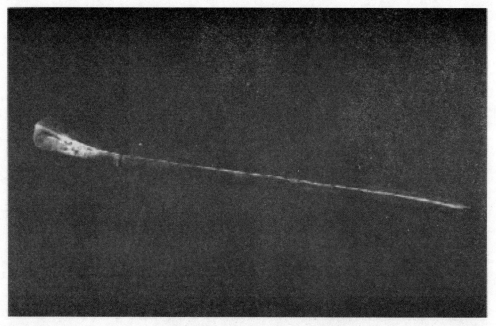

商代金笄

商代大量使用青铜器，工艺精湛，这就为
金器的发展奠定了雄厚的物质基础和技术基
础。同时，商代玉雕、漆器等工艺的发展，也
促进了金器工艺的发展，并使金器得以在更广
阔的领域以更多样的形式发挥其美学作用。

早期的金制品大多是装饰品，而最常见的
金器——金箔，多用于其他器物上做饰件，用
和其他器物相结合的形式来增强器物的美感。
在商代晚期，金平脱工艺出现了。

金平脱工艺是将金片饰件用漆粘在器物
上，再在器物表面继续加涂漆液，有时要加涂
数次，使漆形成一定的厚度，比饰件厚度稍厚

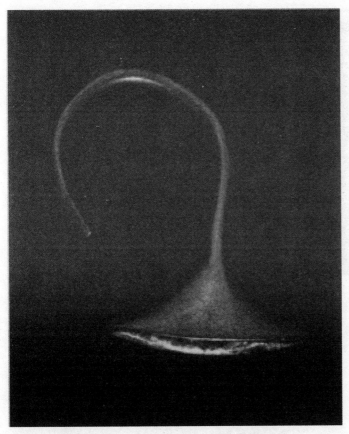

一些。待漆干后，再将金饰片上的漆磨掉，露出饰件纹样，并使之与漆底平滑一致。

金平脱工艺的出现，说明金器工艺在商代已经有了很大的进步，这是金工艺独立发展的萌芽。如北京平谷刘家河商墓出土的"金钏"，商代金器，一个重 93.7 克，另一个重 79.8 克。

两件金钏形制相同，系用直径 0.3 厘米的金条弯成圆环形，圆环连接处锤扁，呈扇面状。

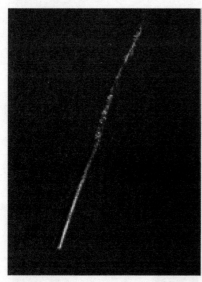

三星堆金杖

同为北京平谷刘家河商墓出土的"金笄"，商代金器，长27.7厘米，头宽2.9厘米，尾宽0.9厘米，重108.7克。

此金笄截面呈钝三角形，尾端有一长约0.4厘米的榫状结构，原镶有其他饰品。笄也叫簪，是簪的本名，用于盘发挽髻。商代女子年满15岁时要梳髻插笄，表示成年，可以出嫁了。

同一地点出土的"金耳环"，商代金器，通高3.4厘米，重6.8克。

此金耳环部呈扇形，向上由细变粗，又由粗变细，渐弯成半圆形，尾端收束成尖锥状。

"金面罩"，残高１１.３厘米，残宽２１.５厘米，１９８６年于四川广汉三星堆遗址一号祭祀坑出土。

此面罩用金箔在铜头像上捶拓而成，大小和造型风格与同时出土的铜像相同，双眉、双眼及口部镂空，鼻部凸起。

"金杖"，长１.４２米，直径２.３厘米，把捶打好的金箔包在一根木杆上，净重约500克。木杆早已碳化，只剩完整的金箔。金杖的一端刻有图案，共分三组。靠近端头的是两个前后对称，头戴五齿高冠，耳垂三角形耳坠，面带微笑的人头像。另两种图案相同。上方是两只头相对的鸟，下方是两条背相对的鱼。它们的颈部都叠压着有如箭翎的图案。用杖象征权力，良渚文化和吐蕃文化中都有先例。此金杖有很重要的历史价值。

（二）西周金器

西周时期的金器仍承袭商代的风格，具有浓厚的青铜器图案的装饰色彩。

河南三门峡市虢国墓地出土有金带饰，大小共 12 枚，重 433 克，均为钣金浇铸成型。其中圆形饰七枚；长方形饰一枚；

西周金带饰

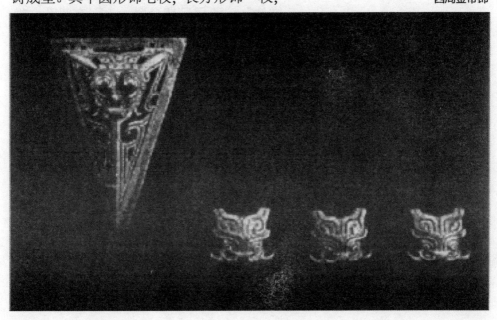

唐代金制酒器

兽面纹饰三枚，类似虎头形；另有一枚为镂空兽面纹三角形饰。这些金饰件出土时位于棺内尸体腰部，估计是腰带上的饰件。

此外，在北京琉璃河的西周燕国墓里出土了一件木胎漆器，器身上镶有三道金箔，下面两道金箔上还嵌有绿松石，这是难得一见的金平脱古器。

西周时期常将金浇铸成圆形、长方形、三角形和兽面形饰件，装饰在衣带上。

河南三门峡市虢国墓地出土的"兽面饰件"，西周早期金器，是挂在腰带上的饰件，呈虎头形，象征勇武。

同一地点出土的"镂空兽面纹三角形饰件"，西周早期金器，上面有四孔，供系带用，为腰带上的饰件。

"金耳坠"，西周早期金器，其一长7.4厘米，宽6.6厘米，厚0.04厘米，重10克；其二长7.3厘米，宽5.5厘米，厚0.03厘米，重8克，1982年12月于陕西省淳化县西周墓出土，现藏于陕西历史博物馆。

此金耳坠为圆柱形，曲柄，扁平螺旋式花头，捶打而成，薄厚均匀，表面光滑平坦，光洁度非常好。有些这种造型的金耳坠与男子使用的兵器一同出土，可知是

青铜车马

男子戴的饰物。

（三）春秋战国金器

　　春秋战国时期，社会的剧烈变革带来生产、生活的重大变化。这个时期的青铜工艺出现了许多新的发展，千篇一律的王室金器逐渐衰落，代之而起的是造型新颖、华丽轻巧、方便实用的金器。包、镂、镶、错、镏金等金属工艺获得了较大的发展，使金饰技法呈现出丰富多彩的崭新面貌。大量金器的出现，成了这个历史时期工艺水平高度发展的标志。

　　从出土地点看，这一时期的金器分布区域明显扩大，南北方都有发现，金器的形制

鹰形金冠

和种类增多了。从金器的艺术特色和制作工艺看，南北方差别较大，风格迥异。春秋战国的金器清新活泼，但多为王室及巨富所拥有，在民间难得一见。

湖北随县擂鼓墩曾侯乙墓出土的金碗，内蒙古自治区伊克昭盟杭锦旗阿鲁柴登战国墓出土的匈奴地区的金器代表作——鹰形金冠，山西神木纳林高兔村出土的鹿形金兽，几乎使用了金细工艺中的锤揲、压印、抽丝、镶嵌和镂铸等所有手段，令人叹服。

"曾侯乙墓金碗"，战国金器，通高11厘米，口径15.1厘米，重2156克，是目前已知的先秦金器中最大最重的一件。器内置镂孔金匙一支。匙身圆形，镂孔作变异龙纹，方柄素面，通长 13 厘米，重 56.4504 克。1978 年于湖北随县擂鼓墩曾侯乙墓主棺内出土。

此金碗制作极为精工，方唇直口，浅腹平底，口沿下饰一圈蟠螭纹，腹上部有两个对称环耳，下有三矮足，作倒置凤首状。盖顶中心有一个圆形捉手，盖沿有三个等距离的外卡，与碗口正好扣合。盖面饰蟠螭纹和两周勾连雷纹。

"鹰形金冠顶带"，战国金器，内蒙古自治区伊克昭盟杭锦旗阿鲁柴登战国墓出土。

金冠顶部为一展翅雄鹰和浮雕的四狼、

鸟兽纹莲瓣金碗

鹿形金兽

四羊图案，带部为浮雕的虎、羊和马的图案。此金器工艺水平极高，代表了战国时期匈奴地区金器工艺的最高水平。

"鹿形金兽"，战国金器，高 11.5 厘米，长 11 厘米，重 160 克，1957 年于山西神木纳林高兔村出土，现藏于陕西历史博物馆。

鹿形金兽以鹿的形象为主体并取鹰首及其他动物的局部组合而成。鹿形金兽兽身鹰嘴，大耳直立，环眼突出，头生双角如鹿，弧形双角作倒八字形向侧后展开，每角又分四叉，叉端各浮雕怪兽头像，其形象也是立耳环眼鹰嘴，与本兽形象近似。尾卷成环形，也作怪兽头像。金兽身躯富于柔韧的曲线美。

金方泡

匈奴金饰件以其独特的动物纹饰著称于世，而这件鹿形金兽更是以其奇特的造型得到世人喜爱，被认为是最有代表性的匈奴艺术珍品之一。

（四）秦代金器

秦代虽然年限短促，但其国力强大，物阜民丰，因此金器与装饰品极多。

在秦始皇陵出土的铜车马上，金制品多达737件，有金当卢、金泡、金项圈部件、辇座上镶嵌的金珠等，均系铸造成型。

当卢又叫"当颅"，是挂在战马狭长前额上的一种装饰品。西周以来，贵族多以铜制当卢挂在马额上，金当卢只此一件，弥足珍贵。

对这些金配件的研究，证明秦朝的金器制作已综合使用了铸造、焊接、掐丝、嵌铸、锉磨、抛光等多种机械连接及胶粘工艺技术，而且达到了很高的水平。

秦代青铜器已经衰落，而金利于长寿的思想，推动了金器的广泛使用。金器工艺从青铜工艺中分离出来，得到了极大的发展，开始独

秦始皇陵铜车马

古代金器

立成为一门技艺。

　　秦代因年限太短，迄今尚未发现其他金器，但统一天下的强秦，其金器肯定不少。司马迁在《史记·秦本纪》中说："秦始皇葬骊山，以黄金为凫雁。"这是说秦始皇陵中有黄金制作的野鸭和大雁。

　　秦代有一批金器出土于甘肃礼县古墓，现已流失到欧洲。其中有一只金虎，通长41厘米，宽3—4厘米，作行走回首状。金虎通体以金箔包裹木心，由十段不同形状的金箔套接而成。虎身以朱砂绘出纹饰，双眼圆凸，竖耳直尾，双腿卷曲，双爪如钩，造型精练生动。还有两

金印

只野鸭用金箔裁剪而成，环目长尾屈爪，通体饰变形窃曲纹。此外，还有一些兽面纹盾形金饰片、云纹圭形金饰片和口唇纹鱼鳞形金饰片等，其中一些金饰片有钉孔，有的没有钉孔。

窃曲纹为纹饰之一，这是一种由龙纹或动物纹变形演化形成的纹饰，所以也称兽体变形纹。通常作倒"S"或倒"C"形结构，以目形为中心，两端各有一段分别向上或向下弯曲的线条，也有不少窃曲纹省略了中间的目形纹，仅以粗犷的线条组成。窃曲纹常见于西周中晚期和春秋早期的青铜器上。

（五）汉代金器

汉代社会长期相对稳定，金器制作得到了极大的发展。

汉朝统治者拥有大量黄金，除了制作各种饰件和金器外，还铸造大量的麟趾金投入流通。

麟趾金即汉代的金饼，也称"马蹄金"。出土的"麟趾金"正面为圆形，背面中空，周壁向上斜收，口小底大，形如圆足兽蹄，故称"麟趾金"或"马蹄金"。

这枚金币含金量95％，最大直径6.5厘米，高5厘米，壁厚1.5厘米，重286.97克，相当于

汉代金盆

西汉时 1 斤左右。

在中国货币发展历史上，黄金的使用一直占有重要的地位。早在殷商时期已将黄金用作贮藏和大额支付手段了。

"金元宝""金条""金锭"是后来的事，在两千多年前的西汉时期，人们往往将黄金做成圆形的金饼，俗称"麟趾金"，也称"马蹄金"。西汉盛行黄金，以斤为计算单位。黄金的形状受到楚国的影响，形状通常为饼状。

麒麟在中国传统文化中是祥瑞的象征，在民间有"瑞兽"之称，同时还在"麟、龙、凤、龟"中居于四灵之首，有"盛世出麒麟"的说法。

麒麟是古人集合鹿、马、牛、羊、狼等长毛动物的特征创造出来的，其形象是羊头、鹿身、马足、狼蹄、牛尾、鹿角。古人认为麒麟文质彬彬，一举一动都讲究姿容仪表；麒麟品行高雅，不会去伤害其他动植物；还说麒麟是罕见的长寿动物，少则活一千岁，多则活三千岁。麒麟同龙凤一样，也是中华民族的传统文化符号之一，寄托着古人对德政、贤君和理想社会的向往和赞美。因为麒麟稀有珍贵，象征

金麒麟

吉祥，帝王就用金玉做成麒麟形状，用以馈赠亲属，赏赐大臣。于是，人们佩戴金麒麟或玉麒麟，就有了显示身份和荣耀的意思。

汉代铸造"麟趾金"始于西汉武帝太始二年（公元前 95 年）。这年春天，汉武帝出游后回到长安，称自己登西陇高原时曾经喜获白麟，又在渥洼水边见到了天马，在泰山见到了黄金。当时人们为了表示祥瑞，就根据这三件事铸造了一批麟趾形状的金币。从此，汉代便有了以"麟趾"为名的金币。麟趾金主要用来赏赐那些效忠皇室、立有军功的大臣。因为不是铸币，所以可以根据交易的需要任意切割。

汉代金币

古代金器

　　汉代麟趾金铸造精良，造型优美，虽历经两千多年的风雨沧桑，却仍保存完整。

　　中国自商周以来加工黄金所用的制箔、拔丝、铸造等技法，汉代继续沿用。金箔除裁成条状用于缠裹刃器的环首等处外，还剪成花样以贴饰漆器。湖南长沙与广西合浦的西汉墓中，都发现过金平脱漆器，或从这类漆器上脱落的人形、禽形、兽形金箔片。金丝多用于编缀玉衣，在各地出土玉衣的大墓

金缕玉衣

中曾大量发现，还出土了铸造成型的金带钩、金印等物。

汉代金制品制作工艺最重要的成就是创新金粒焊缀工艺，将细如粟米的小金粒和金丝焊在器物之上，组成纹饰。

河北定州北陵头村汉墓出土了一件累丝镶嵌金龙，全身布满粟形金粒，并以绿松石镶嵌银珠，异常精美。

金丝多用于编缀玉衣，刘胜墓出土的金缕玉衣是其代表作。

西汉中山靖王刘胜系汉武帝之兄，蜀汉皇帝刘备第十三世祖，为西汉第一代中山国国王，死后葬于今河北满城县陵山上，其墓穴开凿于山岩之中，宛如一座豪华的宫殿。

刘胜墓全长 51.7 米，分墓道、甬道、南耳室、北耳室、中室和后室 6 部分，整个墓室完全模拟墓主生前所居宫室。墓内出土了大量珍贵文物，如医用金针等，尤以金缕玉衣闻名海内外。刘胜金缕玉衣由 2498 片玉片组成，所用金丝约 1100 克。

由此可见，金器制作工艺发展到两汉，已基本从青铜器制作的传统工艺中分离出来，成为独立的工艺门类，对后世影响深远。

"金针"，西汉金器，长度分别为 6.5—6.9 厘米不等，针体上端为方柱形的柄，比针身略粗，柄上有一小孔。1968 年于河北满城中山靖王刘胜墓出土，现藏于河北省博物馆。

这批金针与《灵枢·九针十二原》所述形制相似，为早期针灸专用针。

汉代统治者笃信神道，世间炼丹成风，金器工艺趋于成熟，分布范围也进一步扩大到北方、中原和南方三地。北方如陕西西安沙坡村出土的金灶，便是炼丹用的。

江苏邗江甘泉二号东汉墓出土的一件龙形饰物，在豆粒大小的龙头上竟用细小的金粒、金丝构成眼、鼻、牙、角、须等器官，

金针

广陵王玺

特征毕具，历历可辨。同时，还出土了一枚金印，造型可爱，做工精细。

"广陵王玺"，东汉金器，通高 3.1 厘米，边长 2.3 厘米，重 123 克，1981 年 2 月于江苏省邗江县甘泉镇二号汉墓出土，现藏于南京博物馆。

此玺为铸造而成，印纹阴刻篆书"广陵王玺"四字，印纽为圆雕状立龟。广陵王为汉光武帝第九子刘荆。

1976 年于新疆维吾尔自治区焉耆县黑格

达遗址出土的金龙纹带扣，上面有一条大龙和七条小龙出没于缭绕的云气之中，构图生动，工艺精细，已臻汉代金器之顶峰。

另外，丝绸之路开通后，中西方文化有了交流，出现了兼具中西风格的金器，如广陵王刘荆墓出土的王冠形器和金丝刀鞘，工艺特点、器形风格是西方的，而花的纹饰和"宜子"铭文无疑是中国的。

汉代金器构图之生动，工艺之精细，已臻极致。

（六）魏晋南北朝金器

王冠形金饰

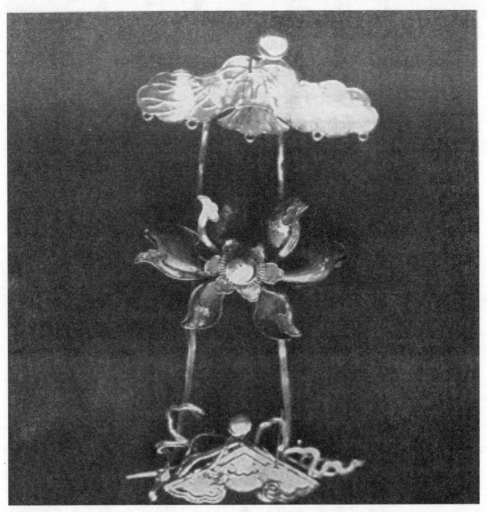

镶金玉钗

魏晋南北朝时期，社会动乱，朝代更替频繁，社会经济遭到严重破坏。

但是，由于各民族在长期共存的生活中逐渐融合，对外交流进一步扩大，佛教及其艺术广为传播，使这个时期的文化艺术得到了空前的发展。这一切在金器形制和纹样的发展中都打上了明显的烙印。

造型别致的金杯

　　魏晋南北朝时期，金器文化以北方少数民族地区为代表，如具有鲜卑风格的内蒙古科尔沁左翼中旗出土的金奔马和金瑞兽、辽宁北票房身村石棺墓中出土的金花冠饰、北票西官营子冯素弗夫妇墓内出土的金质"范阳公章"。

　　内蒙古凉城县小坝子滩沙虎子沟出土的一批金器中，"晋鲜卑归义侯"金印最为有名。

　　东晋时期的金器，在王丹虎墓、王廙墓、周处墓及萧道生的陵墓都有发现，反映了东晋金器的特色。江苏宜兴周处墓出土金器多件，内有一枚金顶针和一个累丝金篮，南京东晋王氏墓群出土有金铃、金环、金钗、金簪和镶金刚石的金指环。据专家考证，当时的金刚石是从外国传入的。

魏晋南北朝时期金器的特点是以饰物为主，金器较少见；从中亚、西亚输入的金银器及装饰物数量颇丰；西方的形制或制作工艺在这一时期的饰物与金器上都有反映。这一时期的金器对隋唐时期金器的风格有较强的影响，为隋唐金器的繁荣奠定了坚实的基础。

"金奔马"，北魏金器，高 5 厘米，长 8 厘米，链长 13.5 厘米，1984 年 6 月于内蒙古自治区科尔沁左翼中旗希伯花鲜卑墓出土，现藏于内蒙古通辽市博物馆。

此马为铸造而成，形若飞奔骏马，造型

精美绝伦的金饰品

简约生动。马颈及尾部各有一环，上系金
链，可供系戴。

"金瑞兽"，北魏金器，长9厘米，高7.7
厘米，1984年6月于内蒙古科尔沁左翼中
旗希伯花鲜卑墓出土，现藏于内蒙古通辽
市博物馆。

此器为铸造而成，形为奔走瑞兽，通
体有椭圆形浅槽，原有镶嵌物。此瑞兽造
型奇特，具有浓郁的鲜卑族风格。

金奔马

金瑞兽

"范阳公章"金印，十六国金器，高 1.98
厘米，长 2.27 厘米，宽 2.35 厘米，1965 年
于辽宁北票西官营子冯素弗夫妻墓出土，现
藏于辽宁省博物馆。

此印近方形，龟钮，为北燕时期官印的
标准品，极为难得。

（七）隋代金器

隋文帝统一中国后，虽力求节俭，但其他统治阶级上层人物为了追求豪华的生活，大量使用金器，因此促进了金器手工业的发展，金器制作水平大有提高。

隋朝年代较短，出土的金器较少，最具代表性的是 1957 年于陕西西安李静训墓出土的金器，其中以嵌玛瑙蓝晶金项链和金杯最为精致。

"嵌玛瑙蓝晶金项链"，隋代金器。

此项链由二十八个金质花珠组成，各珠嵌米珠十颗。金珠分左右两组，每组十四个，其间用多股金丝链索相连。上端为金扣环，双钩双环，嵌鹿纹及方形、圆形青金石，下端为圆形和方形金饰，上嵌

隋代镶珠宝金项链

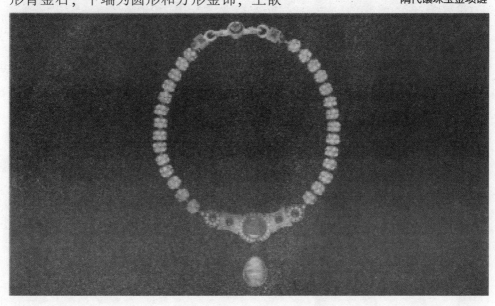

红玛瑙、青金石及米珠，中间悬一金坠，嵌一蓝晶，横刻"小"字。

"高足金杯"，隋代金器，重 49.4 克。

此杯大口，口沿外翻，上有凸弦纹一周，系用一圆环焊上，其下为高足，中空，作喇叭状，足柄及底缘各焊有凸弦纹一周，足柄上端先粘焊一圆片，然后再焊合于杯身之上。

（八）唐代金器

唐代在金器制作方面，既善于总结和继承前人的成就，又吸收外来文化中的丰富营养，因而创造出了璀璨夺目的崭新金器。唐代金器造型精美，结构巧妙，装饰典丽，达

高足金杯和板耳金杯

古代金器

魔蝎纹金盘

到了中国古代金器制作的第一个高峰。

1970年陕西西安南郊何家村窖藏出土了唐代金器,有碗、杯、壶、盒、薰球、钗、龙等。这些金器不仅造型美,而且纹饰生动活泼,把动物、花草以及人物等形象有机地结合在一起,空间布满鱼子地纹,使金器更加灿烂夺目。

纵观唐代金器,可以分为三个阶段:

初唐时期,无论金器的器型还是纹饰,都具有明显的波斯萨珊朝风格,纹饰以凸棱、联珠纹及单点动物纹最为常见。另外,以纤细的缠枝忍冬、四瓣或八瓣花及线条简略的折枝花为主,花与人物相衬。

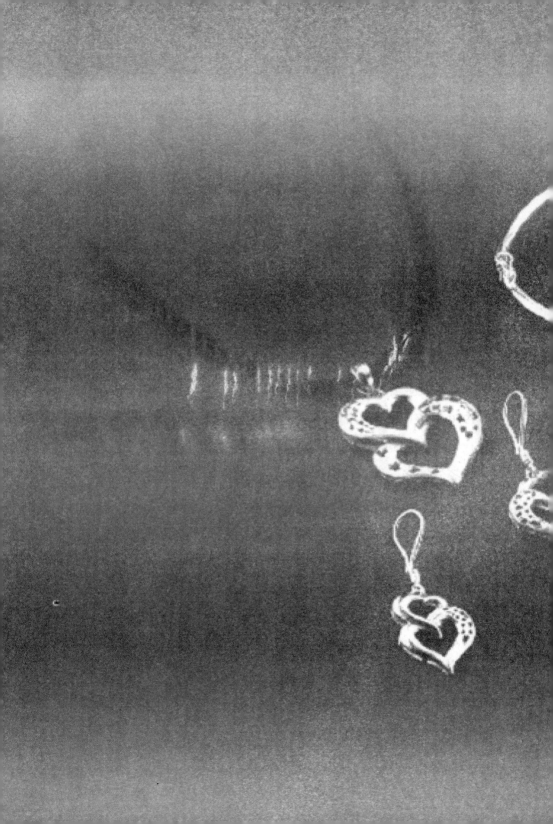

摩羯纹金碗

　　萨珊朝是波斯的一个王朝，波斯与中国早有往来。5世纪40年代，北魏曾派使者出使波斯，波斯王曾派遣使者到中国进献驯象及珍宝。此后，历经西魏、北周、隋，一直到唐代，两国使者往来不断。唐代以前，具有外来风格的金器也曾出现过，但还谈不上形成风格，远不能与唐代相比。唐代金器受外来影响，主要以中亚的粟特、西亚的波斯萨珊形式为主，另有少量受到了欧洲拜占廷、印度和阿拉伯等地艺术风格的影响。

　　粟特为中亚古国名，位置在丝绸之路上，贸易发达。粟特风格的器物以带把杯为主，杯

体为八棱形，杯柄呈圆形，上面有指垫，如
陕西西安何家村出土的"人物忍冬纹金带把
杯"。

　　"人物忍冬纹金带把杯"，唐代金器，
呈八棱形，侈口，器壁内弧，下接八瓣圈足。
杯柄由连珠组成，指垫上饰有一个深目、高
鼻、长须的胡人头像。杯体八个棱面上各饰
有一个身着胡服的人像，人像两边饰忍冬纹，
棱面由连珠纹区分。

　　后来，经过适合中国国情的演化，这种
杯体呈花瓣形、碗形，有的取消了指垫，纹
饰上也多以仕女出游或缠枝、折枝花草为主，
如何家村"团花纹金带把杯"等。

唐代金碗

萨珊风格的金器缘于对萨珊银器的模仿和
改造。唐与西亚的波斯萨珊王朝交往密切，相
互之间仅通使就达二十九次。在交往中，萨珊
金器便很自然地流入中国。中亚的粟特人向来
善于经商，他们在与中国进行贸易的过程中，
不但将粟特金器带入中国，而且还把欧洲拜占
廷等地的金器转输到中国。

　　于是，在内地就出现了这些金器的仿制品，
一种是由中国工匠仿制的，另一种是住在中国
的外来工匠制作的。后一种本来并不能算是仿
制品，但这些外来工匠制作的金器毕竟不是输
入的，而是在中国制作的具有外来风格的金器，
他们在制作具有本民族风格的金器时，还融入
了中国风格。因此，为了表示区别，也把这些

唐代金包玉酒杯

古代金器

唐代金饰花纹袄衣

金器统归为仿制品。

从初唐出土的金器来看，这些仿制品构成了唐代金器的主体风格。

唐代佛教盛行，自然也影响到金器的制作。佛塔地宫多藏有佛教文物，陕西扶风法门寺佛塔地宫出土的唐代法器及舍利金棺等物，为近年考古一大发现。

中唐时期，随着经济的发展，贵族官僚追求享乐之风日盛，金器制品增多，波斯萨珊王朝风格的造型已不能满足需要。于是，

唐代金银花钗

人们纷纷转为兼收我国传统青铜器、陶器、漆器的器型和图案，花鸟纹开始盛行。金器上的缠枝花纹、绶带纹丰满流畅，已具有团花的格局。陕西西安何家村窖藏出土的金器，大多属这一时期的代表。

"金梳背"，唐代金器，高 1.5 厘米，长 7.9 厘米，厚 0.34 厘米，重 3.2 克，1970 年于西安市何家村出土，现藏于陕西历史博物馆。

金梳背为半圆形，先用两层金片剪裁成型，然后将金丝掐制成的卷草、梅花焊接在梳背的两面，花草外围还有用金珠焊接出的周边，纹饰极其细密，需用放大镜才能辨认清楚。器身中空，用以安插梳齿。这件金梳背是唐代掐丝焊接和炸珠焊接工艺的杰作。历经一千多年，仍然没有开裂脱落，堪称金银细工的典范，具有极高的科学价值。

炸珠工艺大约出现在西汉，是西方金银制作工艺对中国金银工艺影响的产物：先将黄金熔化，再把金液倒入水中，利用金液与水温的显著差异，使之结成大小不等的小金珠，然后焊接在器物表面，形成图案。

晚唐时期，团花纹饰已从原来的陪衬地位一跃而成为主题纹饰，这也是团花纹饰的黄金时期；缠枝花则渐趋呆板而被绶带纹取代。由此可见，唐代金器经历了一个由简单转向复杂的过程，从唐初的波斯萨珊风格渐渐转向中国的传统风格。

"金筐宝钿真珠装金宝函"，唐代金器，高 13.1 厘米，边长 10.5 厘米，1987 年于陕西省扶风县法门寺地宫出土，现藏于法门寺博物馆。

此函为正方体腰身，盖身以铰链相套，加锁钥。盖质之地为纯金，中心贴一朵宝相团花。函体四壁均以红绿宝石嵌成三重宝相团花，每重之间镶有金丝和珍珠。花蕊为一

唐代金梳背

唐代金筐宝钿珍珠装斌玦石宝函

颗硕大的珍珠，第一重与第三重是用深粉色宝石做成的十二瓣花朵，第二重珍珠外为七瓣松绿石花叶。盖的立沿每面都饰有金筐鸳鸯一对，函体边棱粘有白色珍珠。斜刹镶嵌海棠花纹样。整个宝函由四种色彩鲜艳的底色构成，即黄、红、绿、白，通体生辉，耀眼夺目。

唐代金器数量众多、品种丰富、造型别致、纹饰精美，具有强烈的时代特点和风格。透过它们，我们可以感到唐代现实生活的五彩缤纷，文化艺术的欣欣向荣。

唐代金器工艺技术极其复杂精细，已广泛

使用了锤击、浇铸、焊接、切削、抛光、铆、镀、錾刻、镂空等工艺，达到了中国古代金器工艺的顶峰。

（九）宋代金器

宋代的金器制造业进一步向前发展，不仅皇帝后妃、王公大臣、富商巨贾享用金器，就连富有的百姓乃至酒家、妓院也都大量使用金器了。当时民间还开设了专门制作金器的店铺，从而加深了金器世俗化和商品化的色彩，所发现的宋代金器上多有商号标记。

唐代掐丝花卉纹凤形鎏金壶

宋代金棺

宋代金器无论在造型上，还是在纹饰上，一反唐代的雍容华贵，转为素雅生动，形成了自己独特的风格。

宋代金器胎体轻小、精巧、俊美，造型多样，构思巧妙。纹饰追求多样化，或素面光洁，或花鸟轻盈。花纹装饰更加丰富多彩，几乎囊括了所有的象征美好幸福、繁荣昌盛、健康长寿等寓意的花卉瓜果、鸟兽鱼虫和人物故事等。纹饰布局突破了唐代流行的团花

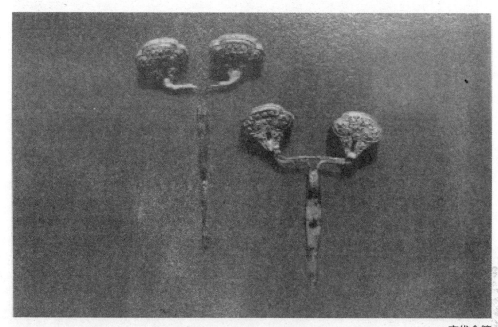

宋代金簪

格式，多因器施画，以取得造型艺术美与装饰艺术美的和谐统一。工艺技法在唐代的钣金、浇铸、焊接、切削、抛光、铆、镀、锤、凿、镶嵌等手法的基础上加以改进，使其富有灵活性与创造性。

宋代金器在装饰技法上比唐代上了一个新的台阶，运用立体浮雕形凸花工艺和镂雕的装饰工艺将器型与纹饰融为一体，充分体现了器物的立体感与真实感，也体现了宋代能工巧匠的聪明才智。南京幕山北宋墓台出土的鸡心形金饰最能显示造型工艺的高超技巧，利用透雕与凸花工艺刻画一对凤凰翱翔于牡丹花丛中，暗寓丹凤朝阳的吉祥意义，为宋代金器之极品。

鸡心金香囊

　　宋朝金器造型一般都显得小巧玲珑，其器物形体普遍较唐代要小。宋朝的金质器皿如盘、碗、盒等，直径一般都在 20 厘米以下，十分小巧，又轻又薄。如江西彭泽县湖西村北宋易氏墓出土的金耳环，呈"S"形或"8"字形，坠部有浮雕状花卉，十分繁密细致，造型与通常的耳环大异，精巧绝伦，极为别致。

　　宋朝金器不仅形体小，而且形体样式繁多，同一种器物往往有多种样式。一些杯盏造型为曲瓣式，从五瓣到十二瓣不等，而且花形繁多，如梅花形、桃形、荷叶形、八角形等。如安徽休宁县朱晞颜夫妇合葬墓中的一只金

杯为六角形，系锤制而成。这只杯整体呈六角形，只在杯内底部饰有三朵菱花图案，口沿及足沿饰雷纹一周，其余地方为素面，且纹饰淡雅柔和，整体看上去造型与纹饰均十分简洁、清素，是宋代金器的代表作。

　　宋代随着城市的繁荣和商品经济的发展，各地金器行业十分兴盛。有铭款的金器显著增多，对元、明、清的金器制作产生了重要影响。

　　宋代金器在唐代基础上不断创新，形

宋代的金器雕刻精美，体形娇小

成了具有鲜明时代特色的崭新风貌。

（十）辽金西夏金器

辽、金、西夏等国的金器制造业，在文化上除了继承各自的民族传统外，还融入了内地的汉文化成分。如内蒙古奈曼旗临潼辽陈国公主与驸马合葬墓出土的金面具、陕西临潼金代窖藏出土的金凤步摇、内蒙古临河市高油房西夏古城出土的"花形金盏托"等。

辽金时期的金器具有鲜明的民族风格与地域特点。

辽代金器以契丹统治者使用的冠带、饰件、符牌、马具、饮器、首饰、食器居多，

不断创新使金器的雕刻工艺更加精美细致

多为宫廷及官坊生产。辽陈国公主和驸马合葬墓出土的遗物，除金面具外，尚有缠枝花纹金镯、镂雕金荷包、錾花金针筒、金饰球等，工艺十分精湛。

辽代的金器制作工艺多采用钣金、浇铸、焊接、锤揲、錾花、镏金、镶嵌等盛行于唐和五代的传统技法，根据契丹族的游牧生活习俗，设计和制作出自己所需要的各种器形。装饰图案多模仿唐代流行的团花格式，以龙、凤、鹿、鱼、宝相、牡丹、忍冬、联珠与缠枝花卉等纹饰为主。辽代金器在装饰技法上有了新的发展，在继承唐和五代传统技法的

金酒杯

基础上有所创新，并与本民族的传统风格融为一体，形成新的特色。

金代金器出土较少，陕西临潼金代窖藏出土的金步摇、金耳饰、金片饰反映了金与汉族在文化上的融合。金步摇顶端用掐丝与锤工艺制成，一只口衔绶带的凤凰下端分为两股钗，用于插戴。金步摇是附在簪钗上的一种用黄金制成的首饰，因步行时摇动，故名金步摇。

"金凤步摇"，金代金器，长 22.2 厘米，1974 年 12 月于陕西省临潼县北河村出土，此步摇由黄金制成，底部为金钗，由两股细长金条组成，可以插于头发上，有固定头发的作用。金钗顶部是一只展翅飞翔的金凤，大嘴微张，口里衔一条花形绶带。金凤身体粗壮，尾部长大，造型比汉族同类首饰粗犷雄浑。此步摇是迄今为止所发现的为数不多的金代金器之一，充分反映了女真族与汉族在风俗和文化上的融合与差异，具有极高的研究价值。

内蒙古临河市高油房西夏古城出土的西夏剔指金刀和金盏托，反映了西夏金器制造水平。西夏金器既受内地汉文化的影响，又受到西亚金器的影响，又有自己的

在古代，金的使用仅限于
达官贵族

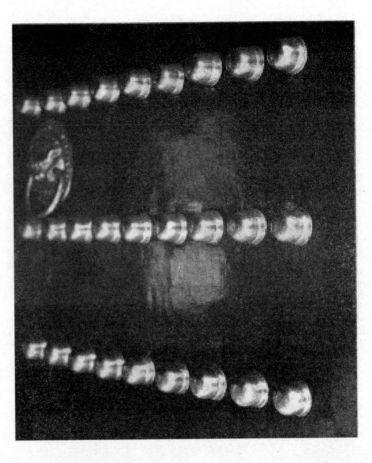

镏金门饰

独特风格。

"双鱼纹柄剔指金刀"，西夏金器，通长 7.2 厘米，宽 1 厘米，1958 年于内蒙古临河高油房西夏城址出土，现藏于内蒙古自治区博物馆。此刀刀柄镂空，饰以双鱼纹，寓意吉祥。顶部有环，可以系带。造型优美，携带方便，利于使用。此刀反映了西夏工匠技艺之高超。插图"花形金盏托"，西夏金

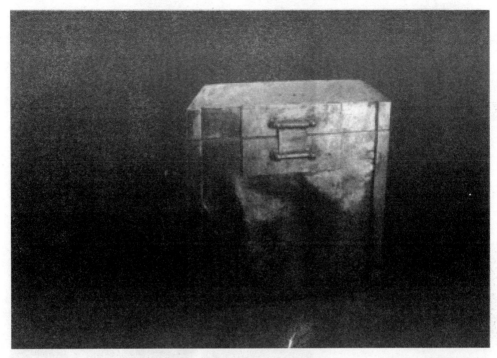

清代八成金印池、匣

尊胜幢、法轮，其顶部有一火球，两侧有
绶带。法器之下为荷花莲子托，托亦为金
制，上面嵌有各色宝石，再下为支柱，支
柱两侧有珐琅、点翠装饰，支柱之下为圆
形金座，錾海水江崖纹，最下为紫檀木座。

　　三是风格新。与前面任何一代比较，
清代金器都把黄金的庄重和雍容发挥到了
极致。

　　清代是中国封建社会的晚期，金器制
作越来越趋于华丽奇艳，宫廷气息越来越
浓。那器形的雍容华贵、龙凤图案的琳琅

金器史

清代"伏牛望月"金钗

满目、宝石镶嵌的色彩斑斓象征着不可企及
的高贵。这和清朝宫廷装饰艺术的总体风格
是一致的，和贴进世俗生活的宋元金器迥然
不同。清代金器极为工整华丽，在工艺技巧
上细腻精湛，是前代所没有的。清代金器盛
行于宫廷和民间，都达到了极高的水平。

　　清宫所用各种金器为宫廷手工艺精品，
以清代皇帝和后妃御用的金器最为丰富，其

中有礼乐用器、生活用具和各种陈设金器，也有宗教文物中的佛像、龛塔、供器、法器等。这些器物的工艺制作采用了铸造、锤揲、錾刻、累丝等多种技术，还有许多金银器镶嵌着珍贵的宝石、美玉等。这些金银器大多造型别致，纹饰精美，具有极高的历史价值和艺术价值。

民间金器多为首饰之类，因民间财力有限，不可能购置昂贵的大型金器。

"金镶九龙戏珠镯"一对，清代金器，外径8.7厘米，内径5.8厘米，厚1.6厘米，圆形，以金栏分成九格，每格中各錾一团龙，口衔珍珠。手镯边沿錾刻海水纹，内

清代金如意

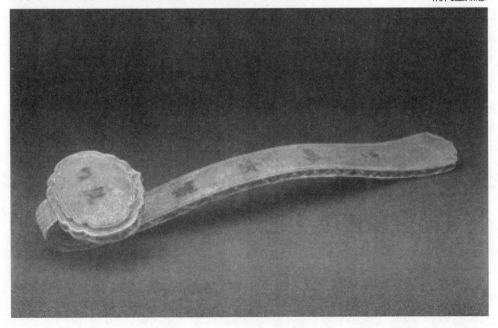

镶九龙戏珠金镯

壁刻有"聚华足金"戳记，做工精致，有很强的浮雕效果。

清代晚期财力不足，宫廷造办处规模缩小，许多金器均委托民间金店制造或采购，如"聚华"等民间金店都曾为宫中制造金器。

古代金器是祖先为我们留下的宝贵财富，浸透着心血，蕴涵着智慧，值得我们为之骄傲。

三　金器的分类

黄金是人类较早发现和
利用的金属之一

我国的金器制品有着悠久的历史和骄人的工艺传统。

金属于稀有的贵重金属，外表漂亮，机械加工性能好，延展性强，因此黄金一出现就被定为装饰用品的首选金属，在这一点上中外是一致的。人们珍视它，匠人欢迎它。与其他材料相比，金的易于加工的特点，使金器还能改制翻新，从而形成新的多种形式的金制品。

根据传统分类方法，金器分为茶具、法器、盥洗器、食器、饰件、药具、饮器和杂器等八组。

（一）茶具

"清宫金茶壶"，现藏于故宫博物院。

一组三个，其一仿民间造型，其二仿古爵造型，其三为双耳。三个茶壶均有三足，似古鼎。壶身皆有纹饰，其中一壶的壶嘴和壶梁为竹节造型。这一组茶壶给人以厚重富贵之感，古趣盎然。

（二）法器

"迎真身素面金钵盂"，唐代金器，高7.2厘米，口径21.2厘米，壁厚0.12厘米，腹径17.2厘米，腹深7.1厘米，重573克，1987年于陕西省扶风县法门寺地宫出土，现藏于法门寺博物馆。

圆形稍扁，弇口圆唇，斜深腹，圆底，通体素面，光洁富丽，为纯金钣金而成，口沿有

迎真身素面金钵盂

唐代金器

一行錾文："文思院准咸通十四年三月廿三日敕令造迎真身金钵盂一枚，重十四两三钱。打造小都知臣刘维钊，判官赐紫金鱼袋臣王全获，副小供奉官臣虔诣使左监门卫将军弘悫。"

此钵盂形制与仰韶文化的敛口钵十分相似，为唐宫廷金银器作坊文思院所制，代表了当时金银器制作的最高水平。

（三）盥洗器

"金盆"，唐代金器，通高 6.5 厘米，口径 28.6 厘米，重 2056 克，1970 年于西安市何家村出土，现藏于陕西历史博物馆。

此盆为钣金成型，内底心和外底心经过机械加

清代"长命百岁"龙凤双喜金盆

工，留有螺纹痕迹。盆口圆整，器壁光滑，厚薄均匀，通体光素无纹，造型简洁大方，色彩柔和灿烂，高贵而典雅。

金盆是盥洗用器，在古代是地位尊贵的皇家和贵族才能使用的高级器物，保存至今者极少。此盆是一千多年前的珍品，具有重要的历史价值。

（四）食器

"鸳鸯莲瓣纹金碗"，唐代金器，高 5.5

金香炉和金酒器

厘米，口径 13.7 厘米，足径 6.7 厘米，1970 年于西安市何家村出土，现藏于陕西历史博物馆。

此碗腹部外壁为两层浮雕式的仰莲瓣，每层有十瓣。上层每个莲瓣中心处分别錾刻鹿、狐、獐、兔、鹦鹉、鸳鸯等动物，周围填以形态各异之花草；下层莲瓣内均錾刻忍冬花草。

此碗流光溢彩，富丽堂皇，为难得一见之瑰宝。

（五）饰件

"四龙戏珠金手镯"，唐代金器，纵 6.7 厘米，横 6.3 厘米，1988 年于咸阳机场唐墓出土，现藏于陕西省考古研究所。

此镯系铸造而成，呈椭圆形。镯中置轴，轴上下有两粒金珠，金珠间有一朵四出花，双龙吻部正好相交于中轴，形成两幅完整的二龙戏珠图案。双龙均为蟠龙，手镯合口处与挂扣连接。

中国古代称妇女戴在手腕上的金银装饰品为"钏"，俗称"镯"。

"金耳坠"，唐代金器，长3.6厘米，1988年于咸阳机场唐墓出土，现藏于陕西省考古研究所。

此耳坠呈橄榄形，钩为U字形，中间为一周镶嵌红、蓝、绿等宝石的联珠，上下各有一组梅花，花瓣中也嵌以各色宝石，上部为一小金环。造型颇具西域风格，与中原金耳饰风格迥异。

双狮纹金铛

（六）药具

"双狮纹金铛"，唐代金器，高3.4厘米，口径9.2厘米，柄长3厘米，1970年于西安市何家村出土，现藏于陕西历史博物馆。

此铛侈口，翻沿，浅腹，圆底，下配三兽足，附叶芽状单柄。锤揲成型，花纹平錾，鱼子地纹。器外自底部中心凸起九条辐射状荷叶脉，直通器口，将铛外壁划分成近似"S"形的区间。叶脉间平錾出双鸟衔带、鸟衔方胜及各类花卉图案。整体纹样构图协调，体

素面金盒

现出唐代金器构图的特点。

　　"素面金盒"，唐代金器，高 3.2 厘米，直径 8.5 厘米，重 258 克，1970 年于西安市何家村出土，现藏于陕西历史博物馆。

　　此盒为圆形，先锤揲成型，然后再掏膛加工。在盒的内壁盖心处及底心处，有明显的旋切螺纹痕迹，其排列间距仅为 1 毫米，起刀和落刀点也清清楚楚，可见当时已经在使用简单的车床进行加工。盒的上下子母口无论怎样扣合、转动，整个一周都严实无缝，堪称精密之极。

唐代麸金的发现，这是唯一的一次，实属珍贵。麸金小于屑金，将金箔击碎后，焊于金器表面。

（七）饮器

"金筐宝钿团花纹金杯"，唐代金器，高5.9厘米，口径6.8厘米，重300克，1970年于西安市何家村出土，现藏于陕西历史博物馆。

此杯杯口圆形，略向外侈，深腹，柄上出长尾，腹部焊有扁金丝编成的蔷薇式团花四朵，每朵团花边缘焊有一圈小金球。花瓣中心曾镶有珍珠、松石等，出土时已脱落。

此杯为绚烂华丽的掐丝珐琅作品，其精湛的

金筐宝团花纹金杯

清代八成金葫芦

制作工艺是明代景泰兰的前身。

金筐工艺是唐代金器制作中的高级工艺，它依据黄金良好的延展性能，将其锤成均匀细丝，制成多层花瓣组成的团花，在其周围再加小金珠一圈，然后焊接在杯的腹部、杯口和杯足，并加以镶嵌装饰，总称为"金筐宝钿真珠装工艺"。

"摩羯纹金杯"，唐代金器，高3.5厘米，杯口最大口径13.1厘米，小径7厘米，重174克，1983年于西安市太乙路工地出土，现藏于陕西历史博物馆。

此杯侈口，浅腹，圈足。杯体为四瓣海棠形，杯内底中心锤揲出凸起的摩羯戏宝珠纹，底纹錾刻细密的水波纹。水波纹外饰一周联珠纹，联珠纹外又錾刻一周花瓣带饰。杯的内壁以花瓣栏形成四个区间，錾刻两组对称的宝相花，宝相花两侧錾刻对称的如意花纹。杯口沿内侧与圈足外侧各饰一周花瓣。

金杯是唐代达官显贵使用的饮酒器，至今发现极少。此件金杯造型奇巧玲珑，装饰富丽典雅，是目前仅见的一件，为稀世之宝。

摩羯的造型源自印度，为鱼、象、鳄三者的混合形象。隋代传入中国，中晚唐添加了翅膀，宋代双翅变大，鼻子上卷的程度渐小。

"鸳鸯蔓草纹金壶"，唐代金器，通高 21.3 **金餐具**

厘米，口径 6.6 厘米，1969 年于咸阳市西北医疗器械厂出土，现藏于咸阳市博物馆。

金壶在唐代极为罕见，此种造型的金壶更为目前所仅见，是十分珍贵的孤品。壶体曲线柔和，严谨稳重。反转弯曲的柄和精巧灵活的链使壶型富于变化，显得纤巧秀丽。

（八）杂器

"金开元"，唐代金器，直径 2.3 厘米，1970 年于西安市何家村出土，现藏于陕西历史博物馆。

金开元是仿照铜质的"开元通宝"铸造的。正面为楷书"开元通宝"四字，背面有新月纹。唐时金开元并不作流通货币使用，主要是皇家和贵族用来做游戏、压胜，或是皇帝赏赐大臣时用的。

开元通宝金币

古代金器

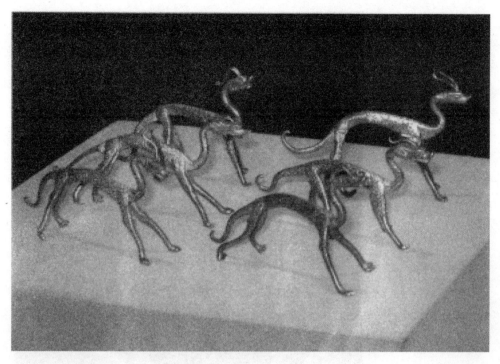

　　"赤金走龙"，唐代金器，共 12 个，高 2—
2.8 厘米，长 4 厘米，1970 年于西安市何家村出
土，现藏于陕西历史博物馆。

　　龙为金质，四足铆接。昂首拖尾作行走状。
头上有两长角折于脑后，圆眼深目，两颌张开，
颌腮部位饰长鬃纹样。颈作回弯状，身子向上
隆起，长尾下拖，末端上卷，四肢粗长，呈各
种行走姿态。除背脊和尾脊饰有长鬃纹外，满
身皆饰深凹点纹，系用錾头点成。金龙形象生动，
小巧玲珑，工艺精美。

　　"金树"，唐代金器，高 13.5 厘米，上部

唐代金树

宽 7 厘米，下部宽 0.5 厘米，根部宽 0.9 厘米，1971 年于西安市郭家滩唐墓出土，现藏于西安市文物管理委员会。

此金树为两株，一高一低，造型略有不同。金树以树干、树枝、小枝组成。枝上长满花朵，树干上有树节，根部有藤向上盘绕，树上有花与叶，劲枝与柔藤结为一体，富丽堂皇。

四 古代著名金器

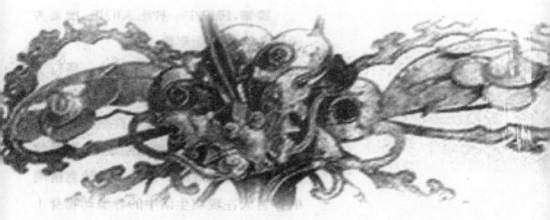

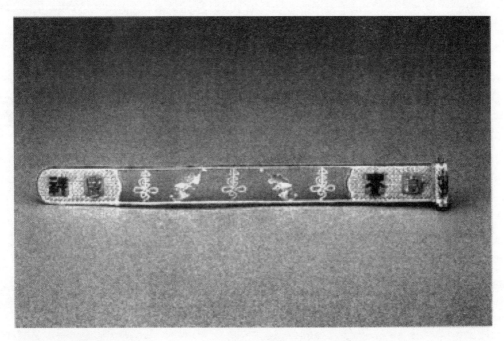

清代镂空富贵福寿吉祥金扁方

"金饕餮"，春秋金器，1955 年于安徽寿县蔡昭侯墓出土。

饕餮，传说中一种吃人的兽，图案为动物头部的正面形象。

饕餮纹是常见的花纹之一，盛行于商代至西周早期。饕餮是一种想象中的神秘怪兽，是古人融合了自然界各种猛兽的特征，同时加以想象绘成的。饕餮纹虽然是拼合组成的，但并不是随意拼凑的。古人在现实生活中的各类动物身上发现了应有的特质，于是在塑造饕餮形象时便取羊或牛角代表尊贵，取牛耳代表善辨，取蛇身代表神秘，取鹰爪代表

勇武，取鸟羽代表善飞。饕餮纹有的有躯
干和兽足；有的仅有兽面，兽面巨大而夸
张，装饰性很强，称兽面纹。古人认为饕
餮能通天地、通生死，公正威猛，勇敢多智，
能驱鬼辟邪。

民间传说饕餮是东海龙王的第五个儿
子，没有身体，只有一个大头和一张大嘴，
十分贪吃，见到什么吃什么，由于吃得太多，
最后被撑死了。于是，饕餮成了贪欲的象征。

"金柄铁剑"，春秋金器，其一通长
37.8 厘米，身长 25 厘米，柄长 12.8 厘米；
其二残长 30.7 厘米，身残长 18.4 厘米，柄

镶嵌金柄铁剑

金戗胜

长 12.3 厘米，1992 年于宝鸡市益门村春秋墓葬出土，现藏于宝鸡市考古工作队。

二剑由金质剑柄和铁质剑身分制铆合而成。螭头和羽翼时隐时现，并以绿松石、料器镶嵌其间。布满螭身的细珠纹不仅突出了形体，而且营造出了视觉上的层次感，使螭身极具立体感。螭身上所镶的"乙"字钩形绿松石，两两一组，繁而不乱，显得金碧辉煌，华美无比。

"金戴胜"，春秋金器，1986年陕西凤翔秦公一号大墓出土，现藏于陕西历史博物馆。戴胜，鸟名，雀头有冠，五色。

"鸳鸯金带钩"，春秋金器，其一长2.3厘米，高1.5厘米；其二长2.5厘米，高1.8厘米，1992年于陕西省宝鸡市益门村春秋墓葬出土，现藏于宝鸡市考古工作队。

鎏金佛像

此带钩呈鸳鸯形，钩头为一回首鸭状。钩身作扁平状，尾部稍大，末端开口。腹中空，有一小柱置于底部方孔中间。钩身侧面作蟠螭纹形，背部双螭相交。钩身上的纹饰细密，做工规整。钩首与之基本相似的另一件带钩，钩身作宽尾鸳鸯形，腹部圆满，颈部有多道褶壁，宽尾呈弧状。尾与躯体相接处内收。周身饰羽状斜线纹，腹侧有呈"S"形的曲状纹饰，表示羽翼。眼睛内填以绿松石。整体造型庄重浑厚，神态惟妙惟肖，是一件优秀的圆雕作品。

"金虎符"，战国金器，高2.3厘米，长4.8厘米，重35.6克，1979年于陕西省凤翔出土，现藏于西安市文物管理委员会。

此符作卧虎状，巨目、大耳、龇牙，四腿曲卧，长尾，尾末端微上卷，通体纹

鎏金佛像

饰皆为凸雕和阴刻。器背有扣槽。体形虽小，但制作精美，镂雕生动，达到了很高的艺术水平。

虎符也称兵符，源于春秋战国时期，是君主授于大臣兵权后，于调兵遣将时所用的凭证。

"金樽"，战国金器，长 21.3 厘米，重 902 克，1977 年于河北平山中山王墓出土，现藏于河北省文物研究所。

此樽呈八棱形，两侧为相向的两龙，以蓝琉璃镶睛。向上一龙银镶双翼，向下一龙银镶双角，造型华丽，针刺花纹细如毫发。

"虎牛相斗金牌饰"，战国金器，长 12.6 厘米，宽 7.4 厘米，出土于阿鲁柴登匈奴墓中，现藏于内蒙古自治区博物馆。

此金牌呈长方形，上饰"四虎咬一牛"的图案。采取俯视角度，牛平卧，四肢伸开，四虎分前后两组分别咬住牛颈及牛腹，靠近牛头一组的虎耳为牛角所刺穿。

金牌纹样夸张变形，选取虎牛争斗的紧张场面加以表现，富有浓郁的游牧生活气息。此金牌体现了匈奴金器制作的水平和风格特色。

鎏金佛像

　　"王精金印"，西汉金器，长 3 厘米，宽
1.1 厘米，钮高 1 厘米，宽 0.7 厘米，1966 年于
西安沙坡出土，现藏于西安市文物管理委员会。

　　此金印之印型为立方形体台座，龟钮，龟
背隆起，高鼻张口，睁目昂首，背部刻有六边
形几何纹饰，在六边形内外又刻连珠纹。龟四

金麒麟

足上布满圆点纹，制作精细。底部有"王精"篆字。印章上的龟钮为吉祥动物，古人认为龟能卜凶吉，象征长寿，故龟纹是我国古时常见的一种装饰纹样。

"动物纹金牌饰"，西汉金器。

此金牌饰为长方形，四周以人字纹为边框，中间立一兽，兽头似马，嘴略似鹰喙，颈部鬃毛飘卷全身，爪似虎，腰细如豹，长尾垂地。兽身上方布满镂空云纹。

此牌饰背面有麻布印痕及对称二系纽，为典型的鄂尔多斯式牌饰，富有浓厚的北方游牧民族特征。

"八龙纹金带扣"，西汉金器，长9.8厘米，宽6厘米，1976年于新疆维吾尔自治区焉耆县黑格达遗址出土，现藏于新疆维吾尔自治区博物馆。

此带扣在薄金片上压制出八条大小不同、形态各异的龙，以一条龙为主纹，龙体起伏盘绕于全器，四周围有七条小龙。龙身上的花纹及水波纹由纤细如发的金丝焊接而成，其间嵌以极小的金珠，龙身多处镶嵌绿松石。八龙游动自如，栩栩如生。带扣四周用金丝围边。

此带扣采用了钣金、压模、錾刻、抛光、

掐丝、焊接等工艺，是一件极为珍贵的古代艺术品。

"金灶"，西汉金器，通高 1.1 厘米，长 3 厘米，宽 1.5 厘米，1978 年于陕西西安沙波村出土，现藏于西安市文物管理委员会。

此灶长方形，灶门长方形，灶面上放置一锅，锅内装满小金珠，象征米饭，灶台右上角装有细金丝盘旋而起制成的烟囱，

龙形金片饰

灶台四周用掐丝工艺制成盘绕的带纹，顺带纹饰联珠纹；灶门正上方和锅的四角处錾出桃形，嵌红紫绿色宝石五块，金灶制作精细，形象逼真。

"龙形金片饰"，东汉金器，残长 4.6 厘米，重 2 克，1981 年 2 月于江苏省邗江县甘泉镇二号汉墓出土，现藏于南京博物馆。

此金片是用细小的金珠和金丝做出龙首和龙身，制作精细，可见东汉掐丝和镶嵌等细工工艺的使用已相当娴熟。

"宜子孙"金饰，东汉金器，高 2.3 厘米，宽 1.8 厘米，1954 年 11 月于安徽省合肥市鸟龟墩东汉墓出土，现藏于安徽省博物馆。

此金饰接近圆锥形，顶上部有一孔，可以穿系。正面嵌"宜子孙"三个篆字。边上焊以细小的金珠。这种用金珠装饰器缘的技法，东汉时期首先在南方出现，汉以后在南方继续流行。

"金冠饰"，北燕金器，通高26厘米，1965年9月于辽宁省北票县西官营子北燕冯素弗墓出土，现藏于辽宁省博物馆。

金冠饰

冠饰上面为六枝形顶花，每枝上绕三个环，环上各穿一金叶，枝干铆在一个仰钵形座上，下面穿过一个扁球，于十字交叉形的金片相连。金片上有针眼，原为附于冠上的框架。

"'猗也金'四兽金牌饰"，西晋金器，长10厘米，宽6.9厘米，1956年于内蒙古凉城小具子滩沙虎子沟出土，现藏于内蒙古自治区博物馆。

此器为服饰品，模铸，镂空。

"小金狮"，西晋金器，共六个，形象相同，每个长约1厘米，重5—6克，1955年于河南孟津出土，现藏于洛阳文物工作队。

"人物双狮纹金饰牌"，北朝金器，

古代著名金器

长 10 厘米，宽 5.8 厘米，重 130.8 克，出土于
科尔沁左翼中旗腰林毛都苏木北哈拉吐。

此器模铸，正面凸起，雕一高鼻深目武士，
两侧各依偎一只雄狮，周边饰以变形勾云纹。
这种高鼻深目的人物和双狮形象造型独特，受
到西亚文化影响。该饰牌是鲜卑贵族用以护身
的佩饰。

"晋归义氐王"金印，西晋金器，现藏于
上海博物馆。

此金印重 88.5 克，驼钮，印面文字为凿
刻而成。此印为晋室颁赐给归顺于晋的氐族部
落酋长之印。

"金棺银椁"，唐代金器，通高 28 厘米，

唐代金棺银椁

古代金器

总重1800.4克，1985年于临潼县唐庆山寺出土，现藏于临潼县博物馆。

整器由金棺、银椁、须弥座组成。金棺前档粘有团花宝珠和浮雕的镏金护法狮子，后档粘有珍珠团花，棺盖上粘有缠枝宝相花，并以锦带缚缠。银椁前档雕出门扇，左右各一浮雕菩萨，后档上粘浮雕摩尼宝珠。椁盖中央贴镏金白玉宝蕊莲花，周围为四朵宝石镶嵌的团花，莲花和团花上皆用粗银丝作成螺旋塔形。椁的两侧面有五个或坐或动的罗汉。须弥座以壸门作底，上围以透空栏杆。周围镶嵌六周珍珠。金棺银椁采用锤揲、掐丝、贴焊、铆合、镂雕、镶嵌等手法，玲珑剔透，具有很高的艺术价值和科学价值。

纯金四门塔

"纯金四门塔"，唐代金器，高7.1厘米，重184克，1997年于扶风县法门寺地宫出土，现藏于法门寺博物馆。

塔是随着佛教的传入而出现的一种建筑形式，主要用来保存舍利。此塔用纯金铸成，由塔身和塔座构成。塔身为单层，下部錾出砌石纹样的台基，台基的四侧门下錾刻出象征性的条石垂带踏

古代著名金器

步，阑额錾连珠菱形锦纹。塔顶为四角攒尖形，塔檐叠涩外挑，四侧坡面均錾饰瓦纹，塔刹为硕大的火焰宝珠。塔体饰忍冬和阔叶卷草，塔座四侧壁錾饰一周仰莲花瓣。

"如意轮观音盝顶金函"，唐代金器，高13.5厘米，重913克，1987年于扶风县法门寺地宫出土，现藏于法门寺博物馆。

宝函用纯金制成，通体錾饰花纹。函体作正方形，盝顶，函体和函盖以铰链相接，前置锁钥，顶盖可启合。盖面中心錾两只展翼旋绕的凤鸟，尾部呈阔叶状，四周衬饰西番莲和花蔓；斜刹各錾出两只引颈翘首的鸳鸯；立面边栏各錾四只振翅飞翔的鸿雁。构图左右对称，意趣盎然。

"金龙"，唐代金器，长9.4厘米，长4厘米，1971年西安市郭家滩唐墓出土，现藏于西安市文物管理委员会。

金龙为腾飞状，一爪高举，爪为三趾，长尾端部卷曲。头长独角，角向后作卷曲状，巨目大嘴，眼与耳下有三撮短须，在曲颈与背上竖立齿状脊。通体饰以鱼鳞纹，身躯下部有镂空处，原镶嵌绿松宝石。

"金凤"，唐代金器，长6.7厘米，高6.6厘米，1971年于西安市郭家滩唐墓出土，

唐代金龙

多为宫廷及官坊生产。辽陈国公主和驸马合葬墓出土的遗物，除金面具外，尚有缠枝花纹金镯、镂雕金荷包、錾花金针筒、金饰球等，工艺十分精湛。

辽代的金器制作工艺多采用钣金、浇铸、焊接、锤揲、錾花、镏金、镶嵌等盛行于唐和五代的传统技法，根据契丹族的游牧生活习俗，设计和制作出自己所需要的各种器形。装饰图案多模仿唐代流行的团花格式，以龙、凤、鹿、鱼、宝相、牡丹、忍冬、联珠与缠枝花卉等纹饰为主。辽代金器在装饰技法上有了新的发展，在继承唐和五代传统技法的

金酒杯

基础上有所创新，并与本民族的传统风格融为一体，形成新的特色。

金代金器出土较少，陕西临潼金代窖藏出土的金步摇、金耳饰、金片饰反映了金与汉族在文化上的融合。金步摇顶端用掐丝与锤工艺制成，一只口衔绶带的凤凰下端分为两股钗，用于插戴。金步摇是附在簪钗上的一种用黄金制成的首饰，因步行时摇动，故名金步摇。

"金凤步摇"，金代金器，长22.2厘米，1974年12月于陕西省临潼县北河村出土，此步摇由黄金制成，底部为金钗，由两股细长金条组成，可以插于头发上，有固定头发的作用。金钗顶部是一只展翅飞翔的金凤，大嘴微张，口里衔一条花形绶带。金凤身体粗壮，尾部长大，造型比汉族同类首饰粗犷雄浑。此步摇是迄今为止所发现的为数不多的金代金器之一，充分反映了女真族与汉族在风俗和文化上的融合与差异，具有极高的研究价值。

内蒙古临河市高油房西夏古城出土的西夏剔指金刀和金盏托，反映了西夏金器制造水平。西夏金器既受内地汉文化的影响，又受到西亚金器的影响，又有自己的

器，最大直径 21.8 厘米，重 220 克，临河市高油房西夏古城出土。此盏托形似莲花，由托盘和盏两部分组成。细工精致，造型美观，是西夏文物中的精品。

（十一）元代金器

中国金器历史悠久，从商代到清代，每个时期金器的艺术风格都表现出鲜明的时代特征。元代金器有粗犷洗练、细腻繁密、雅静脱俗三大特点。宋代金器对元代金器的影

金佛

元代豆芽菜式金耳环

响，主要体现在制作工艺的传承上，就艺术风格而言，二者并无太多的相似之处。

元代金器更讲究造型，素面者较多，纹饰比较洗练，或只于局部加以点缀装饰。来自蒙古草原的元朝统治者，将蒙古人粗犷、直率、自由的民族性情带入他们的金器中，

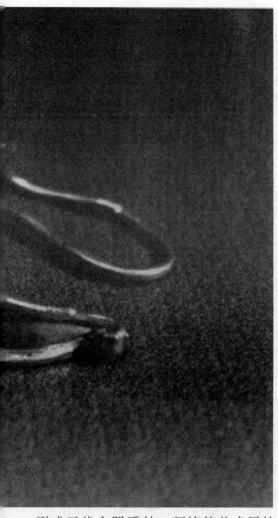

金饰品

形成元代金器质朴、凝练的艺术风格。如元代的"金丝凤冠"和"金箍"。

这种风格大多体现在元代官造金器中，其中最具代表性的，是现藏于西藏文物管理委员会的一枚刻有八思巴文篆书体"白兰王印"四字的元代金印。此印由印

座和印柄两部分构成，印座为正方形，印柄为一只昂首伏地、腹部穿孔的双峰骆驼。骆驼身上仅以一道道浅纹表现动物的皮毛，此外并无其他复杂的装饰。印章整体造型大气而生动，线条简练而流畅。

但是，元代某些金器也表现出细致繁复的趋向，如江苏吴县吕师孟墓出土的"缠枝花果金饰件"，这一趋向尤为突出。这件长方形金器周围有边框，框内有高浮雕状的缠枝花果，枝繁叶茂，花团锦簇，繁密拥挤，华美秀丽。这种玲珑俊俏、细腻精密的艺术风格体现了明显的江南风情。

元代虽然将国家的政治中心定在大都，也就是今天的北京，但金器的制作地却集中在长江中下游和太湖之间。这些金器主要出自苏皖一带的民间手工艺人经营的制金作坊，他们将江南特有的审美情趣融入到金器制作当中。因此，元代民间流通的金器的艺术风格带有江南特色。

此外，元代金器也融入了浓厚的文人气息，这是各朝代的金器都不具备的。元统一全国后，将各族人民划分为蒙古、色目、汉人和南人四个等级，并且规定这四等人在做官、打官司、科举诸方面有一系列不平等的待遇。当时有"一官二吏三僧四道五医六工七匠八娼九儒十丐"的说法，文人被列在第九等，处于底层地位。他们没有机会为社稷出力，做一番大事业，于是耐不住寂寞的文人便将满腹才学寄托在与文化艺术相关的各个领域，甚至参与了手工艺品的制作。许多有文化修养的知识分子投身到金器的制造业中，成了金器制

辽代缠枝花果金饰件

鎏金佛像

作名家。这样，元代金器就多了"文人气"。元代以前的金器只是一种工艺品，而元代金器则被提升为一种艺术品了。

总之，元代历史虽然短暂，在金器发展史上却创造出了极为灿烂的艺术成就。

（十二）明代金器

明代金器制作工艺水平很高，把已有的工艺技术发挥得淋漓尽致。

元代以来，帝王贵族所用的金器，尤其是首饰，都广泛使用金掐丝镶嵌宝石工艺，一直延续到清代。

同时，金器工艺还与漆器、木器、玉器等工艺相结合，创造出一批颇为新奇的作品。

北京定陵出土的一批金器最能代表明代金器的发展水平，如金冠、金爵、金杯、金壶、金盂、金粉盒等。这些金器造型大方，纹饰繁缛，用金厚重，装饰堆砌，开创了唐代以后金器工艺的另一种风格，并且在一定程度上引导了清代金器的风格走向。

"万历皇帝金丝冠"，北京定陵出土。因金子太重，不宜戴在头上，故此冠全用金丝编结而成。冠顶錾两条金龙戏珠，形象生动。龙身以粗金丝为骨，采用掐丝、

万历皇帝金丝冠

浮雕等工艺焊接成漏孔鳞纹状。此冠堪称编织与錾花工艺相结合的精品。

明代金器在工艺上有着自己的独特之处，较多地使用宝石镶嵌等手段。明代金器的生产工艺更加精湛，珍品多出自帝陵中。万历孝靖皇后戴的"镶珠宝点翠凤金冠"是明代金器工艺的典范。

万历孝靖皇后"镶珠宝点翠凤金冠"，北京定陵出土。此冠使用极其复杂的掐丝镶嵌珠宝点翠工艺，镶嵌一百多块宝石和五千多颗珍珠，用以装饰九龙四凤。宝石和珍珠璀璨夺目，龙飞凤舞，工艺高超，制作精细，为明代金银器中的极品。

明代的金器细工工艺技术已发展到极致，工匠运用高超的技艺将一些常规的首饰、饰件制作得精妙无比。明代的金银饰件，尤其是首饰大多采用累丝法加镶嵌各色珠宝、玉石。造型或生动优美，活泼奔放；或设计严谨、格调高雅。镶嵌珠宝玉石后形成多色对比，交相辉映，使金银饰物不仅玲珑细巧，精致华美，而且更显雍容华贵，富丽非凡。

华美的金饰品

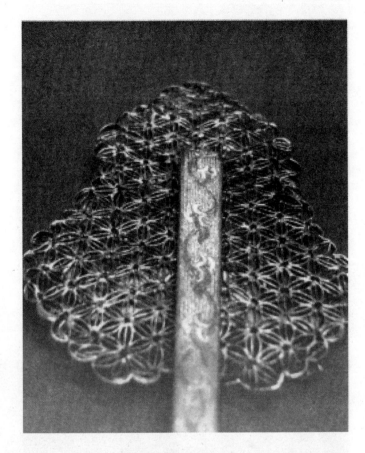

　　明代金器纹饰除龙凤形象之外也有亭台楼阁等。楼阁形象不仅作为纹饰，也作为器物的造型，构思大胆，巧妙无比。

　　"楼阁人物金簪"，明代金器，宽 5.5 厘米，长 8.5 厘米，簪长 15 厘米，重 119.15 克，1958 年于江西南城明益庄王朱厚烨墓出土，现藏于江西省博物馆。此簪为两栋立体楼阁，绕以花树，如同一座花园。簪足向下

现藏于西安市文物管理委员会。

此金凤共三件，三凤两足蹬地，展翅扬尾，跃跃欲飞，把欲飞的刹那间动作刻画得非常形象，准确而具神韵。头顶高花冠，凤目如画，正视前方，短喙曲颈。在胸、腹与飞翼处，原嵌绿松石，年久脱落。顶端为花朵，自然生动。气氛酣畅热烈，色彩鲜艳明亮。具有写实风格，有很强的装饰性。

"乐伎八棱金杯"，唐代金器，高6.1厘米，口径7厘米，重378克，1970年于西安市何家村出土，现藏于陕西历史博物馆。

此杯侈口，弧腹内向，喇叭形圈足，足沿以环状联珠缀成，环柄。柄上有平鋬，上

唐代歌舞伎八棱金杯

古代著名金器

明代累丝嵌宝石金凤簪

饰高鼻深目长髯的两个胡人头。杯身呈八棱形，浇铸成型。杯体每面以錾出的连珠纹为栏界，内有执拍板、小铙、洞箫、曲颈琵琶的乐伎，另有抱壶、执杯及两名空手作舞者。人物均系胡人。其背景衬以忍冬卷草、山石、飞鸟、蝴蝶和鱼子纹地。这种八棱形的器物造型，显然是受到了波斯萨珊、粟特金银器风格的影响。

"鸡心形金香囊"，安徽宣城出土。

由两片金叶锤压而成，正反两面均镂刻首尾相对的双龙纹，香囊边缘还饰有草叶和联珠，制作十分精细。而浙江义乌出土的一条金龙，打制得更是惟妙惟肖，龙长15.7厘米，宽1.8厘米，器形较小，但造型生动，昂首曲颈，张口吐舌，前后左肢向前伸展，右前肢着地，右后肢用力后蹬，尾巴粗长，尾端上卷，矫健有力，气韵生动。这些金器的共同特点是在较小的形体中，通过精致而缜密的细部造型或纹饰图案，来拓展出一个生动的艺术空间。

"金棺"，宋代金器，长17.8厘米，大头高10.6厘米，宽9厘米；小头高7.5厘米，宽7.6厘米，重331.5克，1987年5月21日于陕西省武功县报本寺塔地宫出土，现藏于武功县文物管理委员会。

此棺前高后低，状如木棺，由盖、帮、底座三部分组成。盖、帮厚不足 0.5 毫米，以榫卯相接，盖饰贯线纹，座为"工"字形须弥座。棺头上端呈弧形，饰有两只相对的鸟。

"金龙"，北宋金器，长 15.5 厘米，重 6.8 克，1984 年 3 月于义乌县塘李乡景德寺遗址窖藏出土。

此金龙为鳄鱼头，双角分叉似鹿角，牛眼，上下颚较长，似猪嘴，张口，舌呈如意头状，上唇上翘，下唇较上唇粗短，有鬣毛卷向颈部。颈细长，由颈至腹逐渐变粗。虎尾，尾端上翘。四肢粗壮有力，各有一束细长肘毛，前足上

金冠

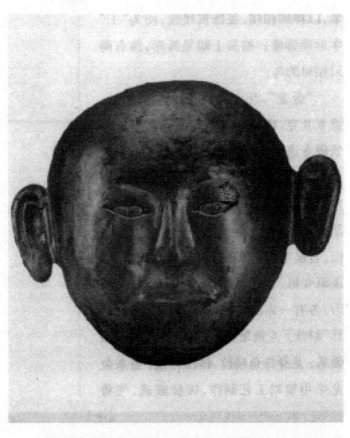

辽代金面具

方有"许旦"刻款。左前足高举至头，四爪弯曲似鹰爪。龙身饰鱼鳞纹，错落有致。整条金龙采用錾刻工艺制作，凶猛威武，气势冲天。

"金娃娃"，南宋金器，长2厘米，重6克，1974年11月于浙江衢州市郊瓜园村史绳祖墓出土，现藏于浙江衢州市文物管理委员会。

这一金器塑造的娃娃正在地上爬着，天真无邪，憨态可掬，是宋代民俗金器的代表作。

"金面具"，辽代金器，长20.5厘米，宽

17.2 厘米，厚 0.05 厘米，1986 年于奈曼旗青龙山镇辽陈国公主墓出土。

此面具覆盖于公主面部，依公主脸型用薄金片在模具上锤击成形，呈半浮雕状。脸型丰满，双目微睁，鼻梁狭长，安详平静。面具边缘有 33 个小穿孔，作为连缀之用。公主死时年仅 18 岁，这件面具的眉、眼局部制作精细。过去辽墓中曾发现过银面具、铜面具、镏金铜面具。陈国公主是辽景帝的孙女、耶律隆庆亲王之女，墓中出土的纯金面具，证实了其身份之尊贵。

"辽代龟盖龙柄鸳鸯提梁壶（一对）"，高 15 厘米，长 12.9 厘米，每只重 250 克。

壶身鸳鸯形，圈足椭圆形，足沿上卷，吻内有孔为流，鸳鸯尾部化出一龙头，提梁似龙嘴喷出的水柱直达颈部，水柱下方的水头散作鸳鸯羽纹。鸳鸯背驮一只小龟为壶盖，栩栩如生。鸳鸯昂首向前，头部五官颇似龙首，双目圆睁，鼻子微翘，头顶錾刻细密鳞片，鸟冠尖翘，腮部羽毛丰满。周身以细密珍珠纹为地，錾刻缠枝莲纹，鸳鸯胸部錾刻两条飞腾祥龙，张牙舞爪，共戏一火焰珠，臀部錾一对鸳鸯展翅欲飞，相对立于向日葵之上。龙和鸳鸯是

南宋金娃娃

宋辽时期常用的纹饰。

"契丹文金符牌"辽代金器，长21厘米，厚0.3厘米，宽6.2厘米，重475克，1972年于河北承德深水河村老阳坡峭壁中出土，现藏于河北省博物馆。

此牌为长方形板状，四角抹圆，上端有一圆孔，用于系带。上刻"敕宜速"三字，是传达皇帝诏令，调发兵马的信物。

"刻划牡丹缠枝莲云纹金盏"，口径5.2厘米，高5.4厘米，元成宗大德八年（1304年）造，重131克，1959年于吴县吕师孟墓出土。

此金盏造型新奇，器型为四出菱花式，由四个如意头纹样上下叠加组合而成，采用了米字格的构图方法，即每个如意头均布置在方形的对角线上。盘心锤制出浮雕式的四个小如意头，集合在一起如同花蕊，富有韵律美。

此金盏的制作工艺十分精湛，采用完整的金片锤制，并用模具挤压而成。其中花纹系采用錾刻方法制作，这种技法是中国古老的传统工艺，春秋晚期即已兴起，微细的线条由錾刻的小点构成。金盏还采用了微雕工艺，刻纹细如发丝。

金盏的装饰吸收了漆雕工艺手法。花

镀金蝴蝶簪

古代金器

纹继承了唐宋以来所盛行的缠枝花的造型，以石榴为主，间有莲花和宝相花。整个金盏花枝缠绕回旋，姿态生动，十分精美。花瓣茂密呈放射状，极为丰满。

表现手法继承了晚唐风格，着重表现细部，如花瓣中的花筋和叶片中的叶脉都一一表现无遗。

石榴花的花蕊用极小的空心圆錾成密集的鱼子纹，象征"榴开百子"的吉祥寓意。

金盏边缘印有"闻宣造"三字款识，闻宣为元代制作金器的著名匠师。这件金盏属于民间金银作坊制作的精品。

金酒壶

"荷花鸳鸯金香囊"，元代金器，内置香药，作用与薰香炉相似。图中一对鸳鸯相对立于荷花之上，象征美满婚姻中的一对青年夫妇，气氛和美，宜于置于家中。

"金蜻蜓头饰"，元代金器，横 7.7 厘米。

蜻蜓头胸腹均经横压捶打，卷成筒状造型，立体感强，制作手法细腻，形象真实，腹下留出两条针柄，便于插入发中。

"文王访贤金饰件"，元代金器，1959 年 1 月于江苏吴县吕师孟墓出土，现藏于南京博物院。

喜字金杯

此饰件为身上的金佩，有孔，可以系在身上。图中左侧为姜子牙，正在垂钓，一派淡泊之意；右侧为文王，正要下车，满怀求贤思治之情。

明太祖朱元璋下令制造的金币——"洪武通宝"，高 8.5 厘米，宽 5.7 厘米，1980年 2 月于江苏省南京市幕府山出土，现藏于江苏省南京市博物馆。

唐代以后的金器工艺一直保持着较高的水平。明代初期，明太祖朱元璋于洪武元年（1368 年）命京城工部宝源局及各省宝泉局铸行"洪武通宝"。明朝由工部主管铸钱，下设宝源局。朱元璋为避讳元朝的"元"字，也为避讳他自己的名字，把所铸之钱一律叫通宝而不叫元宝。

"楼阁人物金簪"，明代金器。

此金簪在细金丝编成的衬底上用金片和细金丝做出楼台飞檐和奇花异草。楼阁分两层，上层有两人倚坐正中，侍女立于两侧；下层正中端坐一人，两旁有侍女侍候。此簪用高超的掐丝工艺，在有限的空间内以细丝编织出多层次的精美纹样，极为难得。

"金戒指"，明代金器。明代金器出土较多，而金戒指却难得一见。此枚戒指含金八成，主题纹饰为七出灵芝纹，两侧的辅助纹饰似枝蔓，又似卷云。

"金盂"，明代金器。此盂圆唇、敛口、平底，腹微鼓，盂外饰以游龙戏珠纹样。

"金托金爵杯"，明代金器，1958年于北京定陵出土。

此金器由金托、金爵组合而成，打制成型，装饰以錾花工艺为主。

金爵为深腹，短尾长流，流口两侧立二圆柱，三足外撇，腹一侧附有方形把。

托盘为折沿浅腹平底盘，中心立一树墩形柱，使金爵杯更好地固定在金托盘上。柱的三面分别雕出花瓶，瓶内各插一支嵌珠宝的花卉。

整器装饰复杂，富丽堂皇。爵腹壁刻浅浮雕二龙戏珠及海水江崖流云纹，三足及二柱刻龙首纹，爵把饰云雷纹，三足上部及二柱顶端各嵌红宝石一枚。平錾线条流畅潇洒，自然优美。爵内镶有一层极薄的金箔内壁，光亮平滑，便于使用。托口及腹内饰勾连云纹，外壁饰二龙戏珠，底内壁饰浅浮雕龙戏珠及云纹。中心立柱满饰如意云头，插入阳錾宝瓶中的牡丹花枝上除嵌有红、蓝宝石外，还饰以金银锭、

金托金爵杯

珊瑚、犀角等八宝装饰。爵底外壁刻铭文一周为"万历年造足色金重五两一钱七分。"

金爵与金托设计奇特，构思巧妙，造型优美，装饰华丽，具有极高的艺术价值。该器为万历帝生前的御用酒器。

"金镶珠石累丝香囊"，清代金器，长7.2厘米，宽5厘米，厚2.2厘米。香囊九成金质，长方形，周身由镂空的累丝花瓣组成。两面均有嵌珍珠花树，叶为点翠，边沿镶嵌绿松石珠一周。香囊上下均有丝绳及红色珊瑚珠为饰。中空，一端有一活动插钮，可启闭。

清代香囊种类多，金质香囊有圆形和长方形的，多镂空，可放入香料或鲜花花瓣，系于腰间，是清代的服饰之一，为后妃贵妇日常生活必备之物。精巧玲珑，便于携带，狩猎、出游时可随身携带，所过之处香气袭人。

"清乾隆金发塔"，清代著名金器，高147厘米，底座70厘米，现藏于故宫博物院。

此塔由下盘、塔斗、塔肚、塔颈、塔伞及日月六部分组成，各层均于适当部位嵌珠宝、绿松石、珊瑚等。塔肚内供佛后置一盛发金匣，金匣正面饰六字真言，匣墙有吉祥纹饰，下配白檀香木座。塔下承以紫檀木莲

镶珠石累丝金香囊

清代金发塔

花瓣须弥座，塔座前正板上贴有"大清乾隆年敬造"款。

清高宗乾隆四十二年（1777年），乾隆皇帝的生母崇庆皇太后病逝于圆明园长春仙馆。乾隆皇帝为表示对母亲的缅怀，在母亲去世不到一个月的时候，降旨制造金塔一座，用以盛放母亲的头发。

此塔共用黄金三千余两，由清宫造办处承

玉制酒杯和金底显示了皇室的富贵

制，并派遣大臣福隆安、和珅等人督办。

金发塔设计式样经乾隆皇帝本人亲定，经三个多月紧张赶制而成，安放在崇庆皇太后生前居住过的寿康宫东佛堂内。

此塔以盘纹焊接和锤胎錾花等工艺制作而成，纹样端庄优美，造型稳重大方，制作精细，技艺高超，反映了清代乾隆一朝金属工艺的水平。

五　金器的鉴别

金被人们视为珍宝，成为财富的象征。一些造假者为牟取暴利，常用铜等材料冒充金，或用镏金、镀金、包金等材料来鱼目混珠。为了辨别真伪，人们对金的认识和鉴别积累了一套经验和方法，有效地利用了金的物理性质和化学性质。

一是看。这是最古老的方法，也是最直接的方法。因为金器中根据黄金含量不同会显现出不同的颜色，有"七青、八黄、九紫、十赤"之说。纯金的颜色应为黄色，细看还略有些冷红色，因此称之为"赤金"，这是足金。但绝对的纯金是不存在的。即使用现代发达的冶金技术，也只能使金的纯度达到

令人眼花缭乱的金器

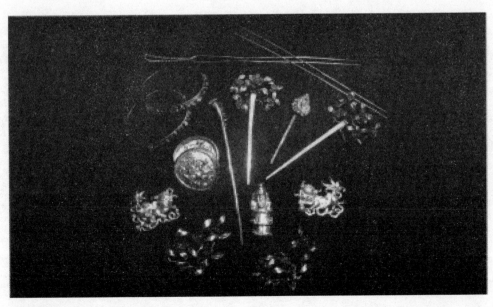

古代金器

"五蝠贺寿"金簪子

99.95%—99.99% 而已。我们在辨别金器真伪的时候，首先要看它的成色，如果颜色不正，那肯定是有问题的。

二是听。黄金是金属中密度较大的，其比重为 19.3，拿到手里会有沉甸甸的感觉，也就是所说的压手。如果黄金落到硬质木板上，会发出"卟卟嗒嗒"的沉闷声响，而其他金属掉到地上会发出比较清脆的声响。真金离地面一米高自然落地时，在地

金器的鉴别

造型别致的金器

上蹦起不会超过三下，而伪品则会超过三次。

三是小心地扳一扳金器的薄弱处或细小处。黄金具有良好的延展性，1克黄金可以拉成直径0.00434毫米、长3500米的金丝；可锤炼成厚度仅为0.23纳米的金箔。黄金纯度越高，质地就越软，因此，金器一般容易变形，但不易折断，假的则容易折断，不容易变形。一件金器，如果在薄弱处或细小处用手指轻轻扳动，应有柔软的质感。

四是用牙咬或用针划。因为金比较软，用牙咬时会在金的表面留下印痕，用针也可以轻易地在金的表面划出痕迹来。

五是用火烧。"真金不怕火炼"，纯金放入火中烧红，取出来后颜色是不变的。根据黄金化学性质稳定、不易被氧化的属性，可以试烧一下。如果取出来之后颜色有改变，那肯定是有杂质的。

六是滴硝酸。金的化学稳定性极强，硝酸、盐酸、硫酸等都不能对它发生作用。金仅能溶于王水中，王水是盐酸和硝酸3：1的混合剂。测试黄金都采用硝酸作试剂：先用玻璃棒沾上少许硝酸，然后轻轻地滴到金器上，如果不变色，就是真金。

古代金器